CONGRÈS

DE L'ALLIANCE UNIVERSELLE DE L'ORDRE ET DE LA CIVILISATION

DES

ORGANISATIONS OUVRIÈRES

AUX DIVERSES ÉPOQUES

ET DANS LES DIVERS ÉTATS DE L'EUROPE

TROISIÈME SÉANCE. — 5 JUIN 1872

Présidence de M. MARBEAU, président de la Société des Crèches

RAPPORT

SUR

LES SOCIÉTÉS OUVRIÈRES AVANT 1789

Par M. le marquis de VALORI RUSTICHELLI

PARIS

IMPRIMERIE TYPOGRAPHIQUE DE A. POUGIN

13, QUAI VOLTAIRE, 13

1872

CONGRÈS

DE L'ALLIANCE UNIVERSELLE DE L'ORDRE ET DE LA CIVILISATION

DES

ORGANISATIONS OUVRIÈRES

AUX DIVERSES ÉPOQUES

ET DANS LES DIVERS ÉTATS DE L'EUROPE

TROISIÈME SÉANCE. — 5 JUIN 1872

Présidence de M. MARBEAU, président de la Société des Crèches

RAPPORT

SUR

LES SOCIÉTÉS OUVRIÈRES AVANT 1789

Par M. le marquis de VALORI RUSTICHELLI

PARIS

IMPRIMERIE TYPOGRAPHIQUE DE A. POUGIN

13, QUAI VOLTAIRE, 13

—

1872

RAPPORT

SUR

LES SOCIÉTÉS OUVRIÈRES AVANT 1789

Par M. le marquis de VALORI RUSTICHELLI

L'Alliance universelle de l'Ordre a jugé qu'il pouvait être utile de mettre sous vos yeux les origines des Sociétés ouvrières et l'exposé sommaire de leurs mouvements successifs à travers les périodes historiques.

Cet aperçu bien complet n'a nullement la prétention d'aborder le détail des institutions et des règlements ; son but est de montrer la marche et les tendances des associations, afin d'ouvrir le champ de la discussion aux hommes éclairés qui veulent bien nous prêter le concours de leur savoir et de leur expérience ; c'est l'humble préface d'un travail à élaborer au sujet des classes ouvrières.

Depuis la fin du dernier siècle, l'étude de l'économie politique a pris un immense développement ; les complications, suites inévitables d'institutions et de tendances nouvelles, ont appelé l'attention de tous les penseurs sur cette science si vaste en raison des résultats qu'elle poursuit.

D'abord, purement pratique aux époques de formation, elle se complique à mesure que les sociétés prennent un corps plus viril, et ces complications se multiplient à leur tour, en raison des éléments variables que chaque âge introduit dans la vie des peuples, en

raison des rapports plus intimes qui s'établissent entre les agglomé-
rations d'origines et d'intérêts divers, en raison surtout des excès et
des confusions produits par les formules délétères et stériles de la
philosophie matérialiste qui est venue solliciter les désirs effrénés,
affaiblissant ainsi toutes les mâles qualités que l'âme humaine porte
en elle pour soutenir l'homme dans l'adversité.

C'est pourquoi l'économiste doit s'impressionner de l'histoire,
afin de tenir compte des phénomènes psychologiques, philosophiques et politiques, conséquences des faits acquis. Nous chercherons
donc dans le mouvement corporatif des travailleurs la pensée qui les
a dirigés, les intérêts qui les ont unis, les causes qui ont modifié
leurs institutions ; enfin celles qui ont stérilisé leurs efforts. Ces
bases établies, il sera plus facile de juger les divers systèmes qui
se combattent dans la lice ouverte aux études modernes.

Les leçons et les luttes du passé viendront ainsi éclairer ces questions que tous et chacun ont voulu résoudre jusqu'ici, sans tenir un
compte assez sérieux des précédents ; car nulle société ne saurait
conserver son centre de gravité si l'équilibre n'est maintenu par
l'effort simultané de l'action et de la réaction réglées par le devoir.

Malheureusement, depuis que les peuples se meuvent dans les
détours si compliqués de la civilisation unitaire, les passions les
plus contraires, pour exploiter les choses, ont tellement travesti
les expressions, que l'idiome de la tour de Babel s'est insinué dans
notre langage, et la signification des mots varie selon les besoins de
la cause qui les emploie.

A l'égard des choses, la philosophie matérialiste a confondu les
fonctions avec les *appétits ;* de là, les *facultés* avec les *droits*, les
besoins avec les *devoirs*, pour en arriver à faire découler les devoirs
des droits ! Pourtant, il est facile de comprendre comment les devoirs sont préexistants aux droits, puisque seuls ils correspondent
aux fins de l'homme, qui sont le bien-être et le bonheur.

En effet, si ces droits correspondaient aux besoins de l'homme,
les animaux dont les fonctions se trouvent les besoins, les animaux
dis-je, auraient des droits imprescriptibles qui leur sont refusés,
parce que *leurs fonctions seules sont leurs fins ;* aussi l'école positiviste, afin d'amener une corélation entre le faux et le vrai, veut-
elle faire accepter que les hommes ne sont que des singes améliorés
selon les uns, dégénérés selon les autres. Il ressort donc, pour tout
esprit exempt de préjugés, que les devoirs seuls sont absolus, tandis

que les droits sont relatifs ; leurs rapports variant selon les formules d'une longue série de relations individuelles et de milieux.

Maintenant, si l'application d'un principe vrai est générale, l'application d'un principe faux est exceptionnelle, et les exceptions veulent toujours s'appuyer sur le principe faux, pour amener la confusion qui, seule, peut se prêter à leur action.

Or, comme le *travail est l'exercice indispensable de l'activité humaine;* comme les *droits sont le fruit du travail et du contrat social qui en limite l'action*, pour saper le contrat, les minorités ont voulu dénaturer le sens acquis au fait appelé propriété, en avançant, contre toute évidence, que la propriété constituait l'absorption du travail ; tandis qu'après un simple examen, l'on voit que la propriété n'est autre chose que le *droit légitime au produit du travail libre.* et qu'en niant les droits de la propriété, au contraire, l'on nie les droits du travail libre. En tout cas, si l'on admet la possibilité d'une égalité réelle entre la propriété et le travail, le partage des fruits se traduirait en pertes, même en admettant qu'on pût trouver l'équilibre pour les cas de ruine ou de perte. En effet, les bénéfices du travail de la terre sont de plus d'un cinquième supérieurs aux bénéfices de la propriété, et le travail manufacturier donne en moyenne 58 0/0 de bénéfices aux ouvriers, tandis que le capital et l'industrie retirent 43 0/0 au plus.

Sans doute cette position peut se bonifier pour l'ouvrier ; mais on doit, en dehors des améliorations directes, les chercher dans l'examen attentif des superfétations industrielles affectées au courtage qui a pris de nos jours une extension absorbante.

En somme, tous les ennemis de la propriété sont les seuls ennemis du travailleur ; car, permettez-moi ce raisonnement naïf : « Si tout le monde était riche, personne ne travaillerait et tout le monde serait pauvre. »

Arrivons, maintenant, à ce vocabulaire insidieux au moyen duquel on confond tout sans l'illusion des mots :

Autrefois, *le mouvement naturel dans l'ordre établi* s'appelait *Révolution;* aujourd'hui, il signifie *renversement*, et sous son impulsion les agitateurs de tous les temps ont ému les classes ouvrières en leur persuadant qu'elles étaient destinées, non à progresser, mais à remplacer ce qu'elles auraient abattu. En soufflant *la licence* sous le couvert du mot *liberté, l'envie* sous le pseudomine *d'égalité,* ils ont fait, des naïfs, les complaisants de leurs ambitions.

Alors le mot *réaction*, qui indique simplement *la tendance d'une force à maintenir la force contraire*, a pris le sens *d'opposition radicale au progrès !* Ils ont appliqué au mot *autorité* l'idée de *pression*. Le mot *socialisme*, qui représente *la force de cohésion dans les sociétés*, s'est trouvé traduit par *coalition;* le mot *religion* par *fourberie ;* et tout cela en vue d'arriver, d'un mot à un autre, à rendre le mot de *propriété* synonyme de *vol*.

Or, dans cette voie, mais en sens divers, les scholastiques du douzième siècle, les utopistes du seizième se sont trouvés, chacun dans l'ordre d'idées qui leur était propre, les précurseurs sincères des idéologues du dix-huitième et des libres-penseurs du dix-neuvième.

C'est avec ce vocabulaire que, trompant la conscience des masses, l'on a détruit toute notion conservatrice ; celle du devoir, comme celle des droits ; celle de la tradition, comme celle de la liberté.

J'entre dans mon sujet :

Si nous remontons à l'origine des sociétés ouvrières, nous trouvons d'abord le titre de compagnonnage affecté aux associations de mutuel secours dont le mystère enveloppe dans le principe les agissements. Tels se montrent aux époques hébraïques les constructeurs enrôlés par Hiram, qui donne à cette institution le cachet hiératique de la philosophie de l'Égypte.

A mesure que les civilisations antiques se renouvellent et se complètent, la grande et intéressante famille des travailleurs se divise, et ses divers rameaux modifient leur organisme en raison des institutions d'état qui protégent leur industrie.

Les *Dyonisiens*, en Grèce et en Égypte, perpétuent l'œuvre des Hiramistes. Les *Pergamiens* perfectionnent la constitution ancienne, en affiliant les sociétés aux rites nationaux ; et dès lors chaque ville grecque possède ses groupes ouvriers qui, soumis aux initiations sacrées, ont leurs prytanées et leurs jeux ; ceux des hommes libres ; ceux des esclaves.

De Grèce, les associations se répandent en Italie, et Rome favorise leur développement, tout en les plaçant sous le contrôle exprès de l'État.

D'abord, les ouvriers libres, surtout ceux des anciennes traditions dyonisiaques, résistent à ce contrôle ; mais l'État ayant exempté les associés de l'impôt, ils finirent par se soumettre.

Jusqu'à l'avénement de l'Empire, ces sociétés étaient demeurées purement industrielles ; à dater des premiers Césars, elles commencent à devenir idéologiques, sous la pression politique des adversaires vaincus de l'ordre nouveau.

Bientôt l'esclavage, cet instrument des maîtres travailleurs, sort de la situation absolument subjective, pour entrer dans la voie de l'émancipation ; l'esclave ne se contente plus de la perspective qui lui est ouverte par les lois de l'affranchissement au moyen du pécule, il tend à l'affranchissement politique, et deux fois ses efforts firent trembler Rome, qui sans doute eut vu l'incendie dans ses murs, si Spartacus eût été avocat.

Vaincus dans les guerres sociales, les esclaves se mêlent bientôt aux sociétés *Esséniennes* venues de Syrie pour s'affilier aux associations chrétiennes, qui préparent dans l'ombre, et par la seule puissance de l'idée, la rénovation morale.

A la suite des guerres de Germanie, une transformation s'était opérée déjà ; *les Frères du Banquet*, société d'origine scandinave vouée au culte d'Odin, avait impressionné les sociétés asiatiques et romaines, en les ramenant aux pratiques secrètes des temps plus anciens.

A la suite de l'invasion des Barbares, le caractère des associations prend une tendance politique, et, sous le couvert des formes mystérieuses, elles s'entourent d'éléments de résistance tout en se fractionnant en deux grandes catégories : les *sociétés payennes* et les *sociétés chrétiennes.*

Les premières procèdent au moyen des passions, par l'intimidation et la force. Les secondes prêchent l'égalité évangélique, l'émancipation, la soumission et la moralité. La Papauté, sortie à peine des Catacombes, encourage les sociétés chrétiennes ; les rois lombards cherchent à confondre dans une utilité commune « ces deux bras du travail », comme les nomme Luitprand. Ce grand administrateur, pour régulariser l'élan industriel, met les compagnies ouvrières sous l'égide des lois, et, sans absorber leur initiative autant que la République Vénète, dirige le travail dont Pavie est comme l'âme et le centre, d'où rayonne sur toute l'Italie la réglementation utilitaire, dont les principes sont empruntés aux *Ghildes* Germaines. C'est l'heure du retour vrai aux institutions Hiramistes, et, devant les résultats obtenus, les rois Lombards abandonnent aux compagnies de travailleurs le bénéfice des corvées royales.

Elles prennent le nom de *compagnies-franches*, et, parmi elles, les maçons obtiennent le premier rang ; de là, l'unité sociétaire qui se nommera *franc-maçonnerie*, société dont le but pratique se perdra par la suite dans les errements spéculatifs.

Charlemagne monte sur le trône ; *sa main aux grands doigts*, comme dit un vieux chroniqueur, imprime son sceau organisateur sur les associations des divers points de l'Empire ; il modifie, fortifie et organise les associations rurales, industrielles et scientifiques ; il provoque le concours des compagnies conventuelles et l'initiative de la Papauté.

Désormais, la grande association Asiatico-Romaine est subdivisée à l'infini, et ses membres épars ne conservent plus qu'un lien historique.

Au dixième siècle, les sociétés ouvrières d'origine romaine rajeunissent leur activité dans le midi de la France, sous l'impulsion des Aragonais et de deux couvents, ceux de *Lérins* et de *Mont-Majour* ; tandis que celles d'origine scandinave président à l'organisation des sociétés du nord. Elles s'organisent en confréries ; les *Frères Pontifs*, ainsi nommés parce qu'ils construisaient les ponts et les chaussées, sans adopter les formes cabalistiques importées en Provence par les sociétés *maugrabines*, formées à la suite de l'incursion des Maures d'Espagne, les Frères-Pontifs, dis-je, se pénètrent de la science que possédaient à un haut degré, en matière de canalisation, d'écoulement et de règlements, les compagnons du royaume de Grenade. Aussi, leurs institutions syndicales ou *assemblées* se sont-elles maintenues dans tout le midi, jusqu'au commencement de notre siècle.

A cette époque, doit se reporter aussi l'établissement des premières associations agricoles qui, en vue de défricher les terres vaines et vagues, contractèrent avec les seigneurs, les communautés ou les renonciers ; et du mode de partage des fruits (mais des fruits seulement), ses membres prirent la dénomination de *Parçonniers*.

En étudiant le mode d'action de ces pères de l'agriculture, n'y aurait-il pas à trouver une organisation pour le défrichement des 20 millions d'hectares improductifs de notre sol, et pour la colonisation de l'Algérie ?

Quand les démêlés entre les municipalités troublèrent les associations agricoles, seigneurs et municipalités, à l'envi, donnèrent aux associés persévérant dans l'œuvre la jouissance du fond défriché, moyennant une faible redevance, avec réserve de rachat; soit de la jouissance, soit du fond, ce qui constitua les deux modes d'amphithéose et permit aux serfs de devenir propriétaires, soit en terres, soit en numéraire. Aussi le règne des *parçonniers*, qui n'alla pas au delà du quatorzième siècle, reste une des grandes pages de l'histoire du travail ; preuve vivante encore que, sous l'égide de la grande association féodale, les travailleurs avaient prospéré tant qu'ils ne s'étaient point mêlés aux luttes civiles.

Le caractère politique dans l'association s'était concentré en Allemagne, où l'œuvre *Whemique*, sous des formes diverses, avait pris une influence illimitée sur tous les ordres sociaux, princes, États ou corporations ; mais cette institution, la plus puissante des temps mixtes, n'avait pas encore franchi les Alpes ; à l'époque de l'émancipation des communes seulement, l'influence de ses idées gagna l'esprit des travailleurs.

A la suite de cette transformation, les compagnons obtinrent à leur tour des franchises ; mais ce premier succès, qui dénotait leur force, leur fit rêver d'autres destinées ; ambition qui les mit bientôt dans les mains des chefs de l'un ou l'autre des partisans qui sillonnaient la France, ce qui leur fit perdre les avantages qu'une longue tranquillité leur avait acquis.

Reconnaissant enfin le rôle de dupes que les Albigeois, les Montfortistes, les communaux et tant d'autres intéressés leur avaient fait jouer, ils abdiquèrent l'esprit d'aventure et se renfermèrent pour la plupart dans les limites de leurs institutions.

C'est à la suite de cette série de longues épreuves que se formule nettement l'ensemble du mouvement corporatif proprement dit, qui prendra son extension et sa vulgarisation vers la fin du treizième siècle.

Las de changer leurs instruments de travail en rapières inintelligentes, las de voir mourir de faim leur famille au seul profit de ceux qui les poussaient dans cette voie, et pour lesquels ils maraudaient et se faisaient pendre, les *confrères* s'organisèrent par classification de métiers, et l'organisation particulière à chacun de ces métiers prit le nom d'un *Devoir*, dont les *compagnons* se réunissaient chez la *mère* ou hôtesse, tandis que les patrons et *confrères* tenaient leurs conseils à la confrérie.

Les rivalités qui, dans le principe, n'avaient lieu qu'entre les confrères ou les compagnons de devoirs différents, finirent par envahir les membres de la même corporation à propos de questions de jalousies, de contentieux et d'affiliation aux divers grades; il en advint du trouble dans les cités, et les pouvoirs royaux et seigneuriaux durent intervenir pour maintenir l'ordre.

Les droits de chacun furent définis et réglés par chartes octroyées ou consenties et, bien que les formalités fussent plus ou moins nombreuses et difficiles à remplir, chaque compagnon put entrevoir son admission aux grades supérieurs.

Plus tard, à mesure que les corporations se fortifièrent, les *Maîtres*, en centralisant de jour en jour davantage l'administration entre leurs mains, rendirent de nouveau l'admission aux grades supérieurs de plus en plus difficile, et l'État dut encore faire cesser les abus introduits par les maîtres, comme aussi les abus suite d'une fausse interprétation des anciennes franchises accordées par les chartes, franchises que les confrères absorbaient en partie à leur profit, au grand mécontentement des compagnons.

C'est alors que l'État imposa des jurys ou commissions chargés de régler les différends intérieurs des corps de métiers et, par ce fait, les corporations, complétées à tous les points de vue, prirent une telle prépondérance qu'elles finirent par former un État dans l'État lui-même ; ce qui força le pouvoir à prendre cette fois des mesures plus radicales pour arrêter leur ambition désordonnée. Une organisation autoritaire donna aux grands officiers de la couronne la haute main sur les corporations, chaque métier relevant chacun de l'un ou l'autre de ces dignitaires, comme à l'époque romaine chaque sénateur avait sa clientèle ouvrière.

A Paris, cette législation remontait à 1260, époque à laquelle Étienne Boileau, prévôt des marchands, fut chargé de rédiger les *Établissements* et coutumes des métiers.

Dans ce Code des ouvriers, les métiers, au nombre de cent, ont tous leurs rouages particuliers ; une seconde partie de ce travail comprend le tableau des tarifs ; la troisième traite de la juridiction et fortifie l'action des jurandes.

C'est dans l'examen attentif des détails organiques particuliers à chaque corporation, soit à Paris, soit dans les provinces, que les économistes de l'heure présente doivent rechercher ce qui peut être utile de prendre au passé.

Les associations primitives, sous l'impulsion des couvents et abbayes, avaient organisé le secours mutuel ; les *Frères-Pontifs* et les églises, les trésors de prévoyance ; les parçonniers une sorte de banque d'association ou fonds de réserve, et les corporations confrériques les conditions de probité et de bonnes mœurs.

Deux siècles durant, les Établissements de saint Louis eurent force de loi ; mais insensiblement, et à la suite de chaque lutte politique, recommencèrent les difficultés entre les *maîtres* et les *compagnons*, entre les *maîtrises* et le prévôt des marchands ; entre ce dernier et l'État, ce qui fit apporter des restrictions nouvelles aux règlements anciens ; restrictions survenues, en général, par suite de l'intervention du compagnonnage. Aussi, voulant profiter, dans l'ordre de ses vues politiques, de la grande concentration des confrères et compagnons, Louis XI, en 1467, organisa les corporations en milice ayant ses officiers et ses armes, et marchant chaque métier sous sa bannière distincte.

Cette révolution dans la nature des corporations en modifia forcément l'esprit ; de purement industrielles, elles devinrent légalement politiques.

C'est ainsi que s'accentua cette ligue de la royauté et de la bourgeoisie contre les derniers restes de la féodalité qui, jusque-là, avait défendu les corporations contre l'absorbtion par l'État.

De ce jour, les *confrères* furent tout ; les *compagnons* virent renaître à un plus haut degré que jamais les difficultés pour arriver à la confrérie et surtout à la *maîtrise*, qui se concentrait à prix d'argent dans les mains de quelques familles, d'autant plus despotes vis-à-vis des compagnons, que, sorties originellement de cette classe de travailleurs, elles en étaient jalousées davantage.

Cet abus déjà ancien, mais arrivé à son apogée au quinzième siècle, explique pourquoi le peuple des travailleurs (les compagnons) fut si longtemps l'allié d'abord des seigneurs, ensuite de la royauté.

Sous l'influence de Sully, Henri IV arrêta un instant cette tendance ; mais la concentration des pouvoirs sous Louis XIV, tout en maintenant la bourgeoisie surexcitée par les soulèvements de la minorité du Roi, imprime par l'expansion de l'élan industriel et intellectuel un tel mouvement, que les confrères renouvellent encore leurs tentatives d'absorption du compagnonnage, et donnent lieu à l'édit de 1678, qui promulgue le Code de commerce préparé par les soins de Colbert. Malheureusement, les défaillances de la fin du grand règne, les dépenses de la régence, avaient épuisé le trésor, et l'État se substitua aux corporations en distribuant à prix d'argent plus de 40,000 monopoles nouveaux.

De la confusion amenée par ce fait énorme sortit l'édit de 1776, par lequel le roi Louis XVI, sous l'inspiration de Turgot, supprima corporations et jurandes. Mais la prépondérance de ces associations fit une lettre morte de cet édit ; alors, au milieu de l'agitation soufflée par les agents secrets de la propagande destructive, les compagnons, forcément abandonnés par l'État, se jetèrent aveuglément dans les bras de ceux qui devaient en faire litière pour arriver au pouvoir.

Enfin, quand la grande catastrophe de la fin du siècle dernier fit craquer tous les étais de l'édifice social, la diffusion prit la place de l'organisation.

Le calme revenu, toutes les conditions d'existence sociale étaient changées ; l'industrie et le capital prenaient un essor qui centralisait les masses ouvrières et, si les anciens confrères s'enrichissaient davantage, les anciens compagnons (les ouvriers) se trouvaient dans un état plus précaire qu'auparavant. Toute classification était devenue impossible ; l'association n'existait plus qu'entre les capitaux, et partout l'ouvrier, livré à lui-même, n'avait plus d'horizon ouvert à ses espérances. Bien que le salaire se fût élevé, il devenait insuffisant en présence, moins encore des besoins réels, qu'en face de la progression des désirs ; car les désirs inassouvis se multiplient en raison des désirs assouvis, allant toujours du réalisable à l'impossible.

Il ressort de ce tableau : 1° Que, de tout temps, les ouvriers ont dû leur meilleure situation à la paix publique, et qu'à chaque bouleversement ils ont perdu de leurs priviléges ;

2° Que toute association, équitablement organisée dans son principe, arrive à l'absorption de la masse par le petit nombre ;

3° Que du moment où la masse ouvrière se condense davantage dans une organisation générale, elle devient l'esclave non de ses intérêts propres, mais des intérêts d'un petit nombre ;

4° Que la lutte entre les patrons et les ouvriers a toujours eu pour cause l'immixtion de l'élément philosophique dans l'association ;

5° Que tous les mouvements auxquels les ouvriers ont prêté leurs bras *n'ont fait que changer l'autorité de place sans les en dégager ;*

6° Que ceux qui ont profité de leurs révoltes les ont toujours traités plus despotiquement que ceux-là qu'ils avaient contribué à renverser ;

7° Enfin, que la Révolution a emporté, avec certains abus, les institutions prévoyantes qui en étaient le contre-poids, comme les garanties de réciprocité qui existaient entre les maîtres et les compagnons; comme le respect de l'autorité qui était leur sauvegarde. Aux époques premières, l'idée mystique, puis l'idée religieuse avaient servi de frein autant que de lien aux aggrégations de travailleurs; aussi, les agitateurs modernes avaient compris depuis longtemps qu'il était nécessaire, si l'on pouvait gagner les ouvriers à l'émeute, de détruire le sens moral par la destruction du sentiment religieux.

Idéologues ou ambitieux ont tous et toujours procédé de la même façon; seulement, ceux de notre temps ont dépassé de beaucoup leurs prédécesseurs. Ils ont sapé les bases du devoir par le paradoxe; les principes d'autorité par la calomnie, les idées religieuses par le sarcasme, par un appel incessant aux passions vives de l'homme, et le matérialisme à outrance est devenu la doctrine au moyen de laquelle ces véritables ennemis de leur avenir ont gangrené l'esprit des travailleurs.

Voyant l'ouvrier les yeux fixés sur le capital centralisé comme eux, ils l'ont attiré par des déclamations sur des droits absolus, insaisissables, par des systèmes inapplicables; puis, ayant sapé l'édifice dans ses fondements, la conscience divine de l'âme, ils ont livré les masses à ce que l'on nomme improprement aujourd'hui les écoles socialistes. On a voulu les faire dériver des systèmes philosophiques de l'ancienne Grèce, oubliant que, même au milieu de cet olympe matérialiste, les théories sociales émises par les philosophes étaient alors regardées comme le roman de l'idée inapplicable; dont les tendances même (dans Platon surtout), semblent tendre leurs bras de marbre vers l'inconnu de la théogonie chrétienne; ce qui ressort clairement du savant paradoxe de Vico.

L'idée socialiste moderne remonte aux deux idéologies les plus frappantes du moyen âge; d'abord à l'*utopie* de Thomas Morus qui, dans un but critique de son siècle, a émis le rêve d'une existence supérieure qui suppose la perfection; ensuite à la *Cité du soleil* de Campanella, œuvre qui applique les systèmes hiératique et autoritaire à l'utopie. De ce point de départ, les idées dites socialistes se partagent en deux écoles distinctes; l'*école hiératique* et l'*école anarchique;* l'une ayant pour base une autorité capable de faire appliquer les lois; la seconde ayant des lois sans force mo-

trice. L'école hiératique se divise elle-même en deux catégories :
1° l'école vraiment socialiste dans le sens juste de l'expression, l'école chrétienne qui réglemente les appétits et les passions pour arriver à l'harmonie sociale dans les limites du possible ; 2° l'école socialiste matérialiste et positiviste, qui veut produire l'harmonie par la réglementation volontaire des appétits et des passions.

Le socialisme chrétien, dont les économistes sont les *Pères de l'Église*, ces grands penseurs qui, en dehors des questions purement religieuses, ont tout connu, comme tout scruté et tout prévu, le socialisme chrétien se partage en deux classes convergeant vers un but unique : socialisme moralisateur et socialisme utilitaire.

L'école socialiste matérialiste, au contraire, sous les deux dénominations d'*idéologique* et de *gouvernementale*, engendre des subdivisions nombreuses sans but commun.

L'*école idéologique* est communiste, philosophique et positiviste avec J. Raynaud et P. Leroux.

L'*école gouvernementale* est autoritaire avec Cabet, hiératique et aristocratique avec Saint-Simon, libérale et hiérarchique avec Fourrier, révolutionnaire avec Babœuf et Proudhon, fusionniste avec les éclectiques, clubiste avec les *fruits secs* de ces écoles qui, dans l'espoir d'arriver à la transfusion du patrimoine, ont inventé le socialisme du vol, et se trouvent même dépassées par les socialistes de l'incendie, les *nihilistes !*

Née dans le nord de la Russie, cette secte, évoquant les idées confuses répandues dans l'Inde par les prêtres de Syva, basait sa doctrine destructive sur l'exemple de la marche naturelle des êtres. Elle avançait que le monde, les choses et les individus, naissant, se développant, se décomposant et dépérissant pour se renouveler de période en période ; que le monde moral, les sociétés, devant arriver aussi à leur décrépitude, après avoir atteint le plus haut degré de leur civilisation, il était nécessaire d'en précipiter la ruine dès les premiers symptômes de décomposition, afin d'arriver plus vite à leur transformation saine et morale.

Toute spéculative dans le principe, cette philosophie s'est infiltrée dans les sociétés secrètes de l'Allemagne, et les chefs du mouvement révolutionnaire européen en ont fait une arme dont nous avons pu voir les fulgurants effets !

Somme toute, à quelque école qu'ils appartiennent, les libres penseurs ont consommé leur œuvre; ils ont amené, si je puis m'exprimer ainsi, le bouillonnement des passions qui fait surgir à la surface l'écume de la société, et dans le dédale des théories nées de ce chaos, les hommes de talent, voués à l'étude de l'économie politique, ne peuvent encore ressaisir le fil qui doit marquer de nouveau sur l'édifice social la ligne d'aplomb qu'il a perdue.

C'est le progrès! répètent nos adversaires; mais, comme il y a 1800 ans, du temps des premières associations européennes, la lutte se poursuit sous deux bannières : *la bannière chrétienne, la bannière païenne.* Or, si l'on veut reconstituer les institutions d'une société qui sombre, il faut moraliser ses membres pour les préparer à recevoir les nouveaux éléments de sa réorganisation.

Jamais plus grand problème ne fut posé, tant au point de vue des difficultés qu'il rencontre dans l'état nouveau, que sous le rapport de l'intérêt que doit inspirer cette nombreuse et utile classe des travailleurs, dont la majorité répudie les errements de ses compagnons égarés par l'entraînement démoralisateur.

Est-ce à dire qu'il faille déposséder le capital et l'industrie? Non, l'intérêt des travailleurs eux-mêmes s'y oppose. Leurs bénéfices sont en masse supérieurs à ceux des capitaux et de l'industrie; mais ces bénéfices, se répartissant sur un plus grand nombre d'individualités, ne les satisfont pas. Bien que le salaire soit supérieur en France aux salaires des autres pays, la situation de l'ouvrier est souvent précaire, en raison de l'extension du luxe qui amène naturellement à sa suite le débordement des désirs déchaînés par le scepticisme dont la démoralisation est la suite naturelle.

Il est donc nécessaire de chercher par quelles combinaisons compatibles avec le respect des droits acquis et du droit public il serait possible d'améliorer la situation des classes ouvrières.

La distribution du personnel de l'industrie est d'environ 22,000 chefs d'établissements ou administrations et de 800,000 ouvriers. Son produit moyen est de 2 milliards environ, sur lesquels le travail reçoit environ 16 pour 100 des produits bruts, tandis que les capitaux et l'industrie, gardant les risques de pertes et de ruine, touchent à peine 12 pour 100, sur lesquels sont encore prélevés une part des frais de courtage qui se multiplient en raison de la plus grande centralisation des produits.

Mais quelques sacrifices que fassent l'État, les capitaux et l'industrie, il est de toute évidence que le travail doit en faire par

voie d'épagne et de prévoyance, par voie d'instruction et de morali-
lisation.

Il faut donc, à notre avis, prendre pour base d'améliorations un
vaste système qui se combine par des institutions d'épargne et de
prévoyance : sociétés de secours mutuels ; caisses d'épargne ; ban-
ques d'association ; petites assurances sur la vie ; colonies d'adultes ;
concessions emphytéotiques en Algérie ; institutions de sciences,
arts et métiers ; cercles ouvriers ; bibliothèques populaires ; confé-
rences pratiques ; maisons de retraite pour les invalides et la
vieillesse. En un mot par une organisation libre dont l'épargne
serait la base et le concours de l'État et de l'industrie le complé-
ment.

Le rôle de cet exposé n'étant point d'aller au-delà de ces indica-
tions historiques, en réservant la question pratique pour une
étude plus sérieuse des conditions de la société ouvrière depuis
89, je terminerai ce rapport par les paroles du Chef divin de la
grande association chrétienne : « Cherchez et vous trouverez ! »

CONCLUSIONS

*adoptées par l'Alliance universelle de l'Ordre et de la Civilisation
sur la question des Sociétés ouvrières.*

Une Commission a été nommée par l'Alliance, pour examiner les
moyens pratiques d'arriver à la régénération des classes ouvrières,
par tous les moyens compatibles avec le respect des droits acquis,
du droit public et du droit religieux, c'est-à-dire au moyen :

« Des institutions de prévoyance ; des sociétés de secours mu-
« tuels ; des caisses d'épargne ; des caisses de retraite ; des petites
« assurances ; des cercles d'ouvriers ; d'institutions pour les ou-
« vriers invalides ; d'institutions conférencières sur les sciences
« utiles, les arts, les métiers et la philosophie chrétienne, ainsi
« que des bibliothèques populaires ; en un mot, par toutes les
« associations capables de secourir et de moraliser. »

PARIS. — TYPOGRAPHIE A. POUGIN, 13, QUAI VOLTAIRE. — 3775.

IMPRIMERIE TYPOGRAPHIQUE DE A. POUGIN